In ^{27} 16223

NOTICE

SUR LA

VIE DE SAINT PIAT

MARTYR,

PATRON DE SECLIN.

NOTICE

SUR LA

VIE DE S. PIAT

MARTYR,

PATRON DE SECLIN.

———◦◦◦⊗◦◦◦———

Si la foi en Jésus-Christ et la connaissance de sa doctrine admirable sont les plus grands biens que l'homme ait reçus des cieux, de quelle gratitude ne devons-nous pas être pénétrés envers ces courageux missionnaires, fidèles disciples du Maître céleste, qui, au péril de leur vie, au prix de leurs sueurs et de leur sang, nous ont apporté les dons précieux de la vie éternelle? Nos ancêtres appartenaient à ces nations barbares, *assises à l'ombre de la mort;* ils adoraient les puissances de l'enfer, qu'ils nommaient leurs dieux; leur religion était,

ou affreuse, ou ridicule ; leur culte, sangui-
naire ; leurs mœurs, farouches. Malheureux
sur la terre, ils avaient, en s'éloignant de la
Loi naturelle, perdu l'espoir du bonheur
éternel. Mais de saints apôtres, des prêtres
héroïques, qui pouvaient s'écrier avec le
glorieux Paul : *La charité de Jésus-Christ
me presse !* se sentaient pressés de porter
à ces peuples infortunés la parole qui con-
tient le salut et la vie. Ils quittaient les
belles villes de la Grèce et de l'Italie ; ils
s'arrachaient à leurs familles, à leurs amis,
à leurs frères dans la foi ; ils venaient seuls,
sans autre défense que la Croix, exposés
tout ensemble à la fureur des proconsuls
romains qui alors commandaient dans ces
provinces, et à l'aveugle brutalité des peu-
plades à demi-barbares qu'ils voulaient
évangéliser. La mort devait être le but de
leur course ; mais cette mort, ils la dési-

raient ; comme Jésus-Christ, ils devaient être baptisés d'un baptême de sang, et ils n'avaient pas de repos jusqu'à ce que cette heure fût venue ; mais avant de mourir, ils espéraient amener au bercail du divin Pasteur quelques-unes de ces brebis rachetées à si haut prix, et auxquelles ils étaient trop heureux de donner leur sang et leur vie.

. Saint Piat fut du nombre de ces généreux athlètes ; les villes de Tournai et de Seclin l'ont, de temps immémorial, vénéré comme leur apôtre ; il est juste de lui continuer ce culte filial, et de redoubler d'amour et de reconnaissance envers l'éloquent apôtre, le martyr intrépide qui, le premier, a introduit ceux dont nous tenons la vie dans l'arche sainte, dans le port du salut, dans l'unique et véritable Eglise de Jésus-Christ.

Saint Piat était né à Bénévent, en Italie. de parents nobles et riches, mais surtout pieux et fidèles, et dès le premier âge, il manifesta l'ardeur de sa foi et cette tendre charité envers les pauvres qui est le cachet des amis de Jésus-Christ. Quand la mort de ses parents le mit en possession de son patrimoine, il le distribua tout entier aux misérables, ne gardant rien, ne conservant rien, afin de suivre sans obstacle la voie de l'apostolat et du martyre, et libre de tous liens, il résolut de partir pour les Gaules, afin d'y prêcher l'Evangile. Il s'éloigna de l'Italie en même temps que les saints Quentin, Rufin, Crépin, Crépinien, Victoric, Eugène, que diverses provinces de France vénèrent comme leurs apôtres, et il se dirigea vers Tournai, accompagné de saint Eugène, qui, selon une opinion probable, est le même que saint Eubert, confesseur et apôtre de Lille. Saint Piat avait reçu la plénitude du sacerdoce; il était évêque. En peu de temps il gagna à la Religion le peuple du Tournaisis, et il étendit son apostolat vers les cités d'Orchies, Douai et Seclin. Une abondante bénédiction accompagnait ses travaux, et, pendant quelques années, la paix de l'Eglise permit à la semence de se développer. Cependant les cruels édits des empereurs contre les chrétiens subsistaient toujours, et les progrès du christianisme aux extrémités de l'empire éveillèrent l'attention soupçonnante de Maximin, l'ennemi et le persécuteur des disciples de Jésus. Trois officiers furent envoyés dans le nord des Gaules, avec l'ordre de s'emparer du chrétien Piat, de le faire mourir dans les supplices ou de l'amener à Rome. Le saint pontife, averti du danger, rassembla une dernière fois ses ouailles, et leur adressa des paroles d'encouragement suprême ; puis, voyant s'avancer les troupes qui venaient le chercher, il alla au-devant d'elles, le front serein et le cœur plein de joie. Quelques chrétiens le suivaient en chantant des hymnes ; les soldats romains tombèrent sur cette troupe fidèle et l'immolèrent toute entière. Parmi ces prémices des martyrs, se trouvait le bienheureux Irénée, aïeul ou bisaïeul de saint Eleuthère, qui, au vi\ siècle, monta sur le siège épiscopal de Tournai. Saint Piat fut chargé de fers, et réservé à une mort plus affreuse, accompagnée de ces tourments ingénieux dont les bourreaux de Rome avaient le secret. Il resta en prison du 8 septembre (302) jusqu'au 1er octobre.

On présenta le Saint garrotté devant le juge, qui, aussitôt, lui demanda : « N'es-tu pas cet enchanteur, qui, par tes maléfices, charmes nos peuples, les retirant du culte des dieux et de l'obéissance due aux empereurs? » Le Saint répondit avec douceur : « Je ne suis point un enchanteur ; j'enseigne aux peuples la doctrine du ciel, je l'enseigne selon mon devoir, car je ne saurais tenir caché le chemin de la vérité, sans me rendre coupable envers le vrai Dieu et envers l'empire. Je suis obligé étroitement de prêcher aux hommes les mystères divins, afin qu'ils aspirent à la vie éternelle, méprisant la mort, comme l'a fait le Sauveur de nos âmes. — N'est-ce point une extrême folie, dit le juge, de croire qu'un homme mis en croix soit un Dieu? — Vos yeux, répondit le Saint, sont enchantés par les idoles, et vous ne discernez point la pure lumière du ciel ; vos oreilles sont sourdes et n'entendent point la voix d'en haut ; mais sachez tous qu'il

n'est qu'un seul Dieu en trois personnes; que le Fils de Dieu a pris la nature humaine dans le sein d'une Vierge, afin d'apaiser la divine justice offensée par nos crimes; qu'innocent de tout péché, il a enduré pour nous le supplice de la croix : croyez, recevez le baptême et vous serez sauvés! — Vieil imposteur, s'écria le juge, tes cheveux blancs ne te sauveront pas de la mort ! Dis-nous ton nom et ta condition ? — Mes parents m'ont appelé Pius; mais depuis que j'ai eu le bonheur de laver la tache originelle dans les eaux du baptême, je me nomme Piatus. Je suis chrétien; Jésus-Christ est ma vie, et mon gain est de mourir pour son amour. »

Le juge, que l'enfer excitait à verser le sang, fit dépouiller le saint confesseur; on le lia étroitement, et on le frappa à coups de verges et de scorpions. Ce tourment ne lui arracha pas une plainte ; il ne parlait que pour confesser le nom de Dieu. Les bourreaux, lassés, firent rougir au feu dix pointes aiguës, et les lui enfoncèrent sous les ongles des mains, nouvelle torture endurée avec un nouveau courage. Les païens étaient ébranlés à l'aspect d'une telle constance, et le juge, voyant leur émotion, donna le signal du dernier supplice. Le Saint devait être décapité ; mais le licteur ne réussit pas à lui couper la tête, il n'enleva que le sommet du crâne, et le corps demeura étendu sur la terre, lorsque, d'après la tradition, une voix céleste se fit entendre, promettant les récompenses divines au fidèle serviteur, et aussitôt, le martyr se relevant, prit entre ses mains le sommet de sa tête, tranché par le glaive, et marcha vers Seclin, au milieu d'un peuple pénétré de frayeur et d'admiration.

Arrivé près d'une fontaine, le saint corps se coucha et ne se releva plus; il fut enseveli dans un sépulcre de pierre, et devint l'objet d'une vénération universelle.

Saint Eloi éleva de terre le corps de saint Piat, qui fut trouvé entier, et près duquel on retrouva les dix clous, instruments douloureux de son supplice. Le saint évêque éleva une vaste église sur ces précieuses reliques, d'autant plus chères aux peuples que de nombreux miracles s'accomplissaient auprès d'elles. Grand nombre d'évêques inventorièrent les reliques conservées jusqu'à nos jours; parmi eux, en ces derniers temps, nous citerons Mgr Belmas, qui, visitant l'église de Saint-Piat, en l'an 1804, a reconnu ces précieuses reliques que des hommes religieux et dignes de foi avaient soustraites à l'impiété et conservées pendant la révolution de 93; Son Em. le cardinal

Giraud, et Mgr René-François Regnier, notre digne et bien-aimé prélat, qui, plein de consolation, a vénéré ces ossements consacrés par le martyre, et a approuvé le projet de les déposer dans une châsse moins indigne d'un si noble dépôt.

Puisse le Seigneur, répandant sur nous la rosée de sa grace, faire refleurir l'antique et reconnaissante dévotion qui amenait nos ancêtres au pied du sépulcre de saint Piat, et qui leur donnait tant de confiance dans les mérites d'un saint, dont la foi avait résisté jusqu'au sang, dont la charité n'avait pas reculé devant le martyre.

ANTIENNE A SAINT PIAT.

Glorieux martyr de Jésus-Christ, bienheureux saint Piat, qui êtes auprès de Dieu le protecteur de l'église de Seclin, vous qui n'eûtes sur la terre d'autre objet que le

ciel, pour lequel vous méprisâtes les va-
nités du monde, obtenez-nous, par vos
prières, d'être toujours unis à Jésus-Christ,
dont votre heureux martyre vous a procuré
l'éternelle jouissance.

ORAISON.

Daignez, Seigneur, vous rendre propice
aux vœux de vos fidèles serviteurs, par les
glorieux mérites de saint Piat, dont les
reliques reposent en cette église, afin que
par son intercession, nous soyons préservés
de tous fâcheux accidents. AMEN.

L. S. J.—

VU ET PERMIS

Cambrai, 5 septembre 1853.

BERNARD, VIC.-GÉN.

◁ Lille — Typ. L. Lefort. 1853. ▷

Lille, Typ. L. Lefort. 1853.